Art Wenger

REFLEXIONEN FÜR MANAGER

Bibliografische Information der Deutschen Nationalbibliothek:
Die Deutsche Nationalbibliothek verzeichnet diese Publikation in der
Deutschen Nationalbibliografie; detaillierte bibliografische Daten sind
im Internet über http://dnb.dnb.de abrufbar.

Lektorat: Books on Demand

Herstellung und Verlag: BoD – Books on Demand, Norderstedt

ISBN: 978-3-7568-3868-4

Inhaltsverzeichnis

I

1. Vorwort

Warum schreibt man ein Buch mit Reflexionen für Manager? Hauptsächlich, um dem geneigten Leser mit der Lektüre Freude zu bereiten und Anregungen zum Weiterdenken zu geben. Ist das erreicht, wäre schon das wichtigste Ziel erfüllt. Es gibt darüber hinaus noch zwei weitere Motive für die Erstellung einer Sammlung an Reflexionen.

Zum einen, um Beobachtungen und Erkenntnisse aus meinen Jahren in der Managementpraxis, Unternehmensberatung und Wissenschaft in knapper und prägnanter Form ähnlich einer Sentenz oder eines Aperçus zu teilen. Die Kurzform der Reflexion ist dabei bewusst gewählt, wohl wissend, dass jede für sich für mindestens einen Aufsatz gut ist, jedoch würde dessen Ausführlichkeit und Umfang ihrem eigentlichen Zweck zuwiderlaufen.

Und zum anderen, weil die Reflexion, in der hier verwendeten Form, ein Ausdrucksmittel und Format darstellt, das meines Erachtens sehr gut in unsere Zeit passt und eine praktische Reisebegleitung für den Manager sein kann. Unpoetisch ausgedrückt: Die Reflexion hat ein gutes Aufwand-Ertrag-Verhältnis. Man muss nur wenig Zeit zum Lesen investieren, kann aber im günstigen Fall nachhaltig von ihr profitieren, indem die Reflexion das auslöst, wofür sie gedacht ist: Anregung zu geben, Bestehendes zu hinterfragen, Mögliches aufzuzeigen, Neues zu denken. Methodisch halte ich die Reflexion für ein ideales Stilmittel unserer Zeit, in der textbasierte Kommunikation und Informationsaustausch drastisch zugenommen haben, der Inhalt und Umfang einzelner Nachrichten hingegen stark komprimiert und auf das (vermeintlich) Wesentliche reduziert wird. Das kann man gutheißen oder nicht, Fakt jedoch ist, dass kaum ein Manager mehr Zeit hat oder sich die Zeit nimmt, umfangreiche Managementliteratur zu studieren. Ein Kurztext mit prägnanten und relevanten Inhalten kommt dieser neuen Lesegewohnheit entgegen, insbesondere wenn er zum Nachdenken anregt, statt den bloßen Konsum von Information zu fördern.

Was man in diesem Buch findet, sind Reflexionen, die zur Reflexion anregen möchten. Sie umfassen ein breites Themenspektrum, dem sich ein Manager üblicherweise gegenübersieht. Die Reflexionen haben keinen Anspruch auf Vollständigkeit oder „Wahrheit". Im Gegenteil, einige von ihnen beschäftigen sich genau damit, was Wahrheit ist und was richtig und falsch ist – nicht nur, aber insbesondere im Kontext des Managements bzw. der Unternehmensführung. Auch wenn sie thematisch untergliedert sind, können die vorliegenden Reflexionen in beliebiger Reihenfolge gelesen werden. Die Sammlung soll zum Stöbern und Entdecken einladen.

Reflexion ist ein aus unserem Alltag mehr oder weniger geläufiger Begriff und die Tätigkeit als solche ist Teil der menschlichen Existenz. Einige wissenschaftliche Disziplinen haben sich daher explizit und ausführlich mit Reflexion auseinandergesetzt. Der Begriff blickt auf eine recht lange Entwicklungsgeschichte zurück und wird unterschiedlich verwendet. Im engsten Wortsinn meint Reflexion heute das gründliche Nachdenken über Erlebnisse, Ereignisse und Sachverhalte. Oder über sich selbst. Das bezeichnet man dann als Selbstreflexion. Reflexion ist eine Schlüsselkompetenz für Erfolg im (beruflichen) Alltag. Auf eine detaillierte Darstellung und Differenzierung von Begriffen und Konzepten der Reflexion verzichte ich an dieser Stelle, denn dies soll kein wissenschaftliches Traktat oder Lehrbuch sein. Wer an dem Thema weiteres Interesse hat, für den sind in Kapitel 3 einige Erläuterungen und Literaturhinweise aufgeführt.

Der Vollständigkeit halber und weil es schließlich Teil des Buchtitels ist, möchte ich eine kurze, akademisch sicherlich nicht ausreichende, aber hoffentlich für das Verständnis der vorliegenden Reflexionen hilfreiche Anmerkung zu den Begriffen Manager und Management geben. Ich lehne mich dabei an das Verständnis von Peter Drucker, dem Begründer

der Managementlehre, sowie das der Vertreter der Managementkybernetik an. Dort wird Management in einer kurzen, aber aus meiner Sicht sehr treffenden Definition als Transformation von Ressourcen in Nutzen beschrieben. Die Ressourcen wie Rohstoffe, Waren, Güter, Personal, Finanzmittel, Wissen etc. liegen allesamt außerhalb des Unternehmens und müssen von dessen Führungskräften organisiert, erworben und disponiert werden (ich verwende in diesem Buch Manager und Führungskraft synonym). Der aus der Transformation entstehende Nutzen besteht dabei nicht in der Erzielung von Unternehmensgewinn, denn dieser ist lediglich eine Resultierende des Transformationsprozesses. Er liegt vielmehr in der Schaffung von Mehrwert für Individuen und Gruppen außerhalb des Unternehmens, von denen der Kundennutzen der mit Abstand wichtigste ist. Denn ohne Kunde kein Geschäft, kein Stakeholder- oder Shareholder- noch sonstiger Value. Die Aufgabe des Managers im Rahmen dieses Transformationsprozesses ist es, das Unternehmen zu gestalten, zu steuern und weiterzuentwickeln. Dabei beschränkt sich der Begriff des Managements nicht auf Wirtschaftsunternehmen, sondern er ist im Umgang mit allen sozialen Systemen relevant.

In diesem Buch habe ich zur Erleichterung des Leseflusses auf eine Differenzierung zwischen männlich, weiblich, divers verzichtet.

2. Reflexionen

2.1 Über Gesellschaft und Wandel

Welches höhere Gut, welches wichtigere Ziel kann es geben, als einen Beitrag zum Wohle der Gemeinschaft zu leisten?

Es geschieht nur allzu leicht, dass das Wohl der Gemeinschaft aus dem Fokus gerät. Politisches, taktisch motiviertes Verhalten, Emotionen oder partikulare Interessen bestimmen dann das Miteinander und entfernen uns vom eigentlichen Ziel. Prüfe daher deine Intention: Solange du das Ganze im Blick hast, nicht auf dein Ansehen, deinen Ruf, auf dein weiteres Fortkommen oder auf deinen Vorteil bedacht bist, solange du bereit bist, zu investieren, dich in den Dienst der dir aufgetragenen Aufgabe stellst und dies aus freier Überzeugung tust, bist du auf dem richtigen Pfad.

In einer Zeit, in der die Gesellschaft alle Verhältnismäßigkeit verloren hat, wird Augenmaß zu einer der wichtigsten Fähigkeiten des Managers.

Für eine der größten Schwächen unserer Zeit, die nichts zu Ende bringt, muss man halten, dass sie das eine will, ohne auf das andere zu verzichten, das Wesentliche nicht vom Unwesentlichen trennt und damit alles parallelisiert, ohne Nachhaltigkeit in ihrem Handeln zu erreichen.

Unser Zeitgeist ruht nicht. Er ist rastlos. Kaum ist ein Ereignis am Abklingen, kommt das nächste. Verarbeitung findet nicht statt. Muße ist verlernt. Tiefgang ist selten. Oberflächlichkeit dominiert.

In großen Teilen unserer Gesellschaft ist es die Verfügbarkeit der Dinge, ja deren Ubiquität, die Bedürfnisse weckt. Nicht die Beseitigung eines Mangels oder die Erfüllung eines Erfordernisses sind die Auslöser für das Empfinden eines Bedürfnisses, sondern das omnipräsente Vorhandensein des Angebotes. Musikhören und Nachrichtenposten sind zwei schöne Beispiele hierfür. Streamingdienste und Social Media haben beides auf ein neues Aufmerksamkeits-, Nachfrage- und Bedeutungsniveau geschossen. Es wird Musik gehört nicht aus Liebhaberei, sondern weil es die Möglichkeit dazu gibt. Musikhören wird zum Musikkonsum.

Werte und Wertesysteme ermöglichen Orientierung, begründen Visionen, Ziele und Erwartungen, schaffen Identität und Sinn und erlauben Kommunikation. Welche Werte für die Steuerung vom Organisationen und (Mitarbeiter-)Führung geeinigt sind, darüber wurde bereits unendlich viel geschrieben: Zuverlässigkeit, Respekt, Toleranz, Authentizität, Gerechtigkeit, Hilfsbereitschaft, Leidenschaft, Beständigkeit, Partnerschaftlichkeit, Loyalität, Individualität, Offenheit, Wertschätzung, Integrität, Klarheit, Berechenbarkeit, Nachhaltigkeit, Neutralität, Objektivität, respektvoller Umgang ... Literatur und Praxis sind voll mit diesen und weiteren Beispielen. Jedoch, der alles entscheidende, für die Zukunft unserer Gesellschaft und unseres Planeten herausragende Wert wird nur selten genannt: Gemeinschaftssinn.

Manager sind wie Politiker – ein Spiegelbild ihrer Zeit.

In der Ausbildung gibt es keine „Fertigkeit" mehr. Die von Technologie und Globalisierung ausgelöste rasche Veränderung unserer Lebenswelten führt dazu, dass das Erlernen einer Fähigkeit nur temporär abgeschlossen, also niemals wirklich „fertig" sein kann. Zu rasch kommt der Wandel, der neues, verändertes Wissen und Fähigkeiten erfordert. Ausbildung muss daher ein Leben lang erfolgen. Sie endet nicht mit (akademischen) Abschlüssen, deren Aktualität eine immer kleinere Halbwertszeit besitzt.

„Ich höre und ich vergesse, ich sehe und ich erinnere mich, ich tue und ich verstehe" (Konfuzius). Erst durch Praxisbezug, erst durch eigenes Tun und Handeln werden Inhalte lebendig und begreifbar. Aus diesem Grund ist steter Praxisbezug jeglicher Ausbildung unverzichtbar.

Das Verständnis komplexer Systeme und ihrer Dynamik ist Grundvoraussetzung für das erfolgreiche Agieren in Organisationen jeglicher Art. Systemdenken ist die Schlüsselkompetenz des 21. Jahrhunderts.

Solange lebenslanges Lernen nicht institutionalisiert ist und die Ausbildung immer noch mit Schule oder Studium endet, kommt Unternehmen ein (zumindest unmittelbarer) Bildungsauftrag zu – und wenn es nur aus Eigeninteresse ist.

Bildung ist der mit Abstand wichtigste Faktor für das Wohlergehen, den Erfolg und das Weiterkommen eines Individuums, von Organisationen und ganzen Gesellschaften. Alles andere baut hierauf auf. Versäumnisse in der Bildung und Fehler in der Ausbildung manifestieren sich mit Verzögerung, dann aber mit voller Wucht und aller Konsequenz in allen Lebensbereichen. Und genau dies lässt sich seit einiger Zeit vermehrt beobachten. Diesen Missstand zu korrigieren, wird Generationen dauern.

Ein schönes Beispiel, dass sich der Mensch in vielem über Jahr(hundert)e gleichbleibt, liefert Goethe in „Wilhelm Meisters Wanderjahre". Wilhelm mokiert sich über seine mitteilungsbedürftigen Zeitgenossen, die ohne Unterlass Briefe und Schriften über Erlebtes und Nachgedachtes verfassen, wobei er ob des Umfangs des Geschilderten in einer Randnotiz die Frage aufwirft, wann sie denn die Zeit hätten, jenes zu erleben bzw. dieses zu denken. Was früher Briefe und Schriften waren, sind heute soziale Medien. Motivation und Grundbedürfnis sind aber gleichgeblieben. Der wesentliche Unterschied sind die neuen Technologien, die den Zugang für jedermann eröffnen, Nachrichten zu erstellen oder zu konsumieren, und gleichzeitig als Multiplikator sowie Beschleuniger dienen, was insgesamt jedoch nicht unbedingt der Qualität zuträglich ist.

Die neuen Medien erfordern einen geschärften Geist und eine hohe Aufmerksamkeit, denn die Anzahl der Ganz-, Halb- und Viertelwahrheiten nimmt zu und mit ihnen der Aufwand, das Falsche zu erkennen, das

Wahre herauszufiltern, es in den richtigen Zusammenhang zu setzen, zu ergänzen und so ein stimmiges Ganzes zu erhalten. Denn die Möglichkeit, dass jeder jederzeit von jedem Ort jedwede Information zur Verfügung stellen kann, hat ein neues Mitteilungsbedürfnis entfacht, ja einen Wettbewerb um die Produktion von Informationen und Nachrichten ausgelöst, der ein solch urteilendes, zergliederndes und ordnendes Vorgehen unabdingbar macht, um nicht auf Basis von Scheinwahrheiten die falschen Schlüsse zu ziehen.

Dass Quantität nicht zwangsläufig Qualität hervorbringt, wie gerne behauptet wird, dazu liefern die sozialen Netzwerke täglich überzeugendes Anschauungsmaterial.

Statt planvolle, durchdachte und zielgerichtete Kommunikation zu fördern, hat der technische Fortschritt einen adversen Effekt: Vieles wird ungenau, vage, sprunghaft und zufällig. Zum Trotze einer deswegen möglicherweise aufkommenden Kritik an geringer Kommunikationsqualität und Zuverlässigkeit hat der Fortschritt sogleich Gegenrezepte im Gepäck: Agilität und Resilienz. Ein Ewiggestriger, der diese nicht zu nutzen weiß. Ein Pedant, dem das nicht genügt.

Das Phänomen „Alter Wein in neuen Schläuchen" ist eine mit den Jahren unserer Erfahrung vermehrt wiederkehrende Beobachtung, die allerdings trügerisch sein kann und deshalb besondere Aufmerksamkeit erfordert, entgegen der ersten Intuition. Für Letztere ist der Inhalt in den neuen Schläuchen auf den ersten Blick altbekannt und im Kern nichts Neues; lediglich Begriffe oder Kontext scheinen sich geändert zu haben. Das mag teilweise zutreffen, nicht selten beispielsweise in der Praxis der Unternehmensberatung. Allerdings – und dies macht das Phänomen beobachtenswert – ändern Sprache (Begriffe) und Umfeld (Kontext) das Denken und damit potenziell auch die Inhalte. Daher tut man gut daran, den vermeintlich alten Wein nicht zu ignorieren, sondern zu beobachten, um rechtzeitig zu erkennen, ob daraus etwas Neues erwächst.

Es ist das Privileg eines jeden Zeitalters, seinen aktuellen Entwicklungsstand als historisch überlegen, ebenso die unmittelbar wirkenden gesellschaftlichen Veränderungen als herausragend wahrzunehmen. Dennoch kann man feststellen, dass der unsere Zeit maßgeblich prägende Wandel im Zuge der viel zitierten Digitalisierung, die nicht selten als Revolution bezeichnet wird, im Vergleich zu bedeutenden Umwälzungen früherer Zeiten, wie zum Beispiel in Folge der Etablierung der griechischen Leitbilder, des Darwinismus, der Werte der Französischen Revolution etc., sich als überaus harmlos erweist: Während Ersterer unseren Alltag beeinflusst, haben Letztere Glauben und Weltbilder niedergerissen.

Das neue richtig! Eine überlegene Gesinnung! Eine bessere Welt! Emporgetragen, verkündet und verbreitet von einer zunächst kleinen Gruppierung, elitär in der Selbstwahrnehmung mit dem Anspruch, richtig und falsch, Gut und Böse, die „Political Correctness" neu zu justieren. Wer nicht für sie ist, ist gegen sie und wird ausgegrenzt. Im Zentrum ein Menschentyp, den Heinrich Mann im „Untertan" beschrieb – verortet in einer Zeit, der wilhelminischen, die lange vorbei ist. Doch gibt es ihn auch heute noch, diesen Untertan, den Vorboten und Wegbereiter einer gesellschaftlichen Zersplitterung und Radikalisierung, die nur durch permanent gegensteuernde Kräfte verhindert wird.

2.2 Über Krise und Komplexität

Der Eine spricht von Krise, wenn Toilettenartikel im Supermarkt ausverkauft sind, der Andere, wenn der Friede in Europa akut bedroht ist, ein Dritter wieder sieht darin den Lauf der Dinge und stellt sich der Herausforderung. Am Ende ist es eine Geisteshaltung. Und die Geisteshaltung des jungen 21. Jahrhunderts scheint es zu sein, sich in der Krisenstimmung zu ergehen und nur mühsam, mitunter unwillig den Weg aus ihr herauszufinden. Es ist das Verhalten einer müden und satten Gesellschaft, die den Blick für das Wesentliche verloren hat.

Mehr als in irgendeiner anderen Situation benötigen wir in der Krise eine Referenz. Sie bietet Orientierung und Halt in einer Welt, die aus den Fugen geraten ist. Was aber ist Referenz? Sie ist weder Analogie noch Metapher. Sie ist derselbe Fall außerhalb des eigenen Wirkungsbereiches.

Den Umgang mit Krisen lernt man in Krisen, nicht im Textbuch. Denn in der Krise nutzt erlerntes Faktenwissen nichts. Es ist die Erfahrung mit der Ausnahmesituation, die entscheidend ist.

Wie bereitest Du Dich aber auf eine Krise vor? Vor allem dadurch, dass du nicht nach der Logik von gestern handelst.

Unsere Gesellschaft hat die Relationen verloren und vergaloppiert sich bei der Bewertung von Ereignissen und der Einschätzung von Risiken. Die Medien tun ein Übriges. Nun kann man sich dem jedoch leider nicht entziehen und es zu ignorieren wäre ein Fehler. Denn Information bilden Meinungen und bestimmen das Verhalten der Menschen. Insofern ist es wichtiger denn je, Unternehmen gegen die Folgen sozialmedialer Buschbrände, selbsterfüllender Prophezeiungen und gemeinschaftlicher Überzeichnung zu wappnen und krisenfest zu machen.

Nur wer aus Krisen lernt, ist langfristig überlebensfähig.

So lange wir noch Zeit und Energie aufwenden, Themen wie kulturelle Aneignung zu einem Diskussionsgegenstand zu machen, geht es uns gut, sind wir weit davon entfernt, uns in einer Krise zu befinden. Oder aber es ist genau andersherum und es zeigt, dass wir uns knietief in einer solchen befinden.

Die Kunst des Ignorierens ist der Schlüssel zum Erfolg im Informationszeitalter.

Die Tür zum Erfolg öffnet sich nur demjenigen, der aus der Flut aus Meinungen, Zahlen, Daten und Fakten das Wesentliche herausfiltert. Oder er hat schlichtweg Glück. Und das kommt häufiger vor, als so mancher zugeben möchte.

Nichtlineare Dynamik, Ubiquität von Information und transversale Vernetzung erhöhen Unsicherheit und Unbehagen in der Gesellschaft. Dem begegnet sie mit komplizierten Regulierungen und immer engmaschigeren Kontrollen. Jedoch können diese die Varianz und Variabilität sozialer Systeme niemals vollständig erfassen und die am Ende aller Bemühungen angestrebte Risikovermeidung bleibt aus. Denn Komplexität lässt sich nicht mit Komplexität bewältigen.

Komplexe Probleme benötigen keine komplexen Lösungen, sondern Systemverständnis.

Klassifizierung und Typologisierung sind ebenso wie Modellierung stets eine zweckgerichtete Abbildung der Realität bzw. eine Strukturierung derselben und im Falle der Klassifizierung nur so gut wie die zu Grunde liegenden Kriterien, Denn die Kontinuität im Übergang verhindert die Eindeutigkeit in der Abgrenzung. Trotz dieser Einschränkung dient die Klassifizierung sehr oft als Türöffner zu komplexen Sachverhalten, die uns sonst verschlossen bleiben. Die Psychologie beispielsweise ist voll davon, wie das Gebiet der Persönlichkeitsentwicklung zeigt. Allerdings muss immer gut bedacht werden, wofür man die Klassifizierungen verwendet und welche Schlüsse man zieht.

Komplexität hat sich zu einem populären Begriff, ja fast schon zu einem Modewort entwickelt, das als Ausgangspunkt und Ursache für die unterschiedlichsten Themen, Methoden, Konzepte und Theorien herangezogen wird. Dabei wird Komplexität häufig mit Kompliziertheit verwechselt. Komplexe Sachverhalte und Situationen sind meist kompliziert, nicht aber sind umgekehrt komplizierte Situationen komplex. Denn Komplexität wird durch drei konstituierende Merkmale bestimmt: Anzahl unterscheidbarer Elemente (Varietät), Anzahl der Verknüpfungen zwischen den Elementen (Konnektivität) und Variation in der strukturellen Zusammensetzung der Elemente (Funktionalität). Sind diese Merkmale stark ausgeprägt, führt dies zu einer Struktur, die sich nicht intuitiv, sondern nur durch Analytik und Nachdenken erschließen lässt. Letzteres wiederum ist das Charakteristikum von Kompliziertheit.

Zunehmende Komplexität ist eine Konsequenz unserer Zeit, getrieben durch Globalisierung, Technologisierung, Bevölkerungsdruck, Klimawandel. Komplexität ist emergent und aus unserem Alltag nicht mehr wegzudenken.

2.3 Über Kognition und Erkenntnis

Wirksame Erkenntnis erfordert die richtige Situation und den individuell passenden Kontext.

Man kann ein und denselben Zusammenhang oder Sachverhalt schon mehrfach zuvor gesehen, gehört oder sogar erlebt haben, wenn jedoch das Umfeld und der Kontext nicht passen, stellt sich keine Erkenntnis ein. Umwelt und Kontext jedoch lassen sich nicht oder nur selten zielgerichtet beeinflussen, so dass Erkenntnis ein Produkt günstiger Umstände ist und am Ende auch immer etwas von einer glücklichen Fügung hat.

Bei allem, was wir tun, bei allem, was wir denken, stellt sich unmittelbar und zuallererst ein archetypisches Grundgefühl ein, das alles Folgende beeinflusst. „Das Erste steht uns frei, beim zweiten sind wir Knechte" (Goethe) ist also insofern einzuschränken, als dass wir auch im Ersten unfrei sind. Wir merken es nur nicht.

Unser Erfahrungsschatz führt uns zu schnellen, intuitiven Lösungen. Mal sind sie richtig, mal nicht, wie Daniel Kahneman eindrücklich zeigt. Nun aber ist der Geist träge und bleibt gerne bei einer einmal formulierten Antwort. Dabei wird er jedoch der Tatsache nicht gerecht, dass es in den allerseltensten Fällen nur eine Antwort gibt, und vergibt sich die Chance auf Erkenntnis und Fortschritt.

Man kann die Welt nur aus sich selbst heraus begreifen.

Was spielt die objektive Realität für eine Rolle, wenn unser Gehirn seine eigene Welt entwirft? So weit es die Naturgesetze betrifft, schaffen diese Fakten – Tatsachen im Sinne Wittgensteins – und der menschliche Verstand verarbeitet diese nach seinem Vermögen. Außerhalb davon jedoch, in der sozialen Realität, haben wir so viele Wirklichkeiten, wie es Köpfe gibt.

In der Gemeinschaft entsteht Großes. In der Zurückgezogenheit entsteht Tiefe.

Für jeden Menschen bedeutet jedes Wort etwas anderes – und wenn es nur in kleinsten Nuancen ist –, weil das Erlebte, Gelernte, Gehörte, Gesehene, Erzählte und Vergessene individuell ist. So wie sich die Wahrnehmung von Farben von Mensch zu Mensch unterscheidet – die Neurowissenschaften belegen, dass jeder Mensch bei der vermeintlich gleichen Farbe einen anderen Farbton sieht –, so unterscheidet sich auch das Verständnis von Worten. Legt man diese Unterschiede zusammen, ergeben sie die Welt.

Im Zwischenmenschlichen gibt es nie nur die eine objektive Wahrheit, gibt es nur in Ausnahmen das eine richtig, das gleichzeitig ein falsch determiniert. Viele Wahrheiten sind möglich. Sie sind das Resultat individuell unterschiedlicher Werte und Glaubenssätze. Dies zu erkennen, zu akzeptieren und zu ändern, ist eine permanente Herausforderung für denjenigen, der nach Verständigung strebt. Das heißt nicht notwendigerweise, die andere Sichtweise zu übernehmen, aber sie zu verstehen und im besten Falle nachzuvollziehen.

Vertrauen wir nicht auf Intuition und Bauchgefühl, lassen wir einen wesentlichen Teil unseres Potenzials ungenutzt.

Ein Leben mit begrenzten Alternativen und Gestaltungsmöglichkeiten ist ein einfaches Leben. Stehen uns hingegen alle Optionen gleichermaßen offen und scheint der Lösungsraum unendlich, endet dies in einer Entscheidungsparalyse. Das Handwerk der Freiheit – nämlich jenes, mit einer Vielzahl an Handlungsalternativen umzugehen – führt nur derjenige zur Meisterschaft, der bereit ist, hart an sich zu arbeiten. Denn wenn weder Intuition noch Fakten den richtigen Weg weisen, muss das eigene Wertesystem hinterfragt und gegebenenfalls angepasst werden. Und dies ist eine der schwierigsten Aufgaben, die ein Mensch auf sich nehmen kann.

Verstehen wir uns oder meinen wir nur, uns zu verstehen? Oftmals wohl eher Letzteres, da wir ja meist selbst nicht genau wissen, wie es um die Dinge steht und wie sie beschaffen sind. Aus diesem Grund schließt sich ein vollständiges gegenseitiges Verständnis aus. Gleichzeitig – und darin liegt ein großer Zauber des Zwischenmenschlichen – kann das Gegenüber helfen, uns selbst besser zu begreifen.

Betrachten wir einen Sachverhalt in seiner äußersten Ausgestaltungsstufe und tiefsten Detailliertheit, so ist jeder für sich individuell und einzigartig und im Übrigen die Grundlage für das beliebte Praktikertotschlagargument: „Das ist nicht vergleichbar" oder „Bei uns ist das anders." Wechseln wir allerdings die Perspektive auf eine nur geringfügig höhere Abstraktionsstufe, indem wir Einzelausprägungen zu Klassen zusammenfassen, so entsteht eine Darstellung des Sachverhaltes, die bereits erste Gemeinsamkeiten mit anderen aufweist. Die Kunst besteht nun darin, das Abstrakte noch konkret genug zu halten, um für die spezifische Situation wirksame Handlungsempfehlungen abzuleiten.

Erst durch Erfahrung kann der Mensch zu Abstraktion gelangen.

Vergangenes wird vom Gedächtnis positiv verklärt oder negativ eingefärbt, neutral und objektiv ist die Erinnerung nie. Aber sie ändert sich im Laufe der Zeit und so sieht der Blick zurück selten das Gleiche, sondern ein sich änderndes Bild vergangener Zeiten.

Am unerquicklichsten und gefährlichsten sind diejenigen, die stets eine vorgefasste Meinung oder Einstellung haben. Bevor sich eine Situation vor ihnen vollständig entfaltet hat, haben sie bereits ein Urteil gefällt und im schlimmsten Fall Handlungen eingeleitet. Ihr Denken ist schablonenhaft, ihr Handeln orientiert sich an Truismen und Volksweisheiten. Sie liegen in ihren Schlussfolgerungen selten vollständig falsch (denn Truismen sind allgemein und plattitüdenhaft genug, um eine Vielzahl von Fällen abzudecken), jedoch werden sie den Eigenheiten und

Anforderungen einer spezifischen Situation nie gerecht. Das macht den Umgang mit diesen Menschen so schwierig und unproduktiv.

Der mühsamste Weg zur Erkenntnis ist derjenige, sich wieder und wieder zu hinterfragen. Er ist aber auch der erfolgreichste.

Ändere dein unmittelbares Umfeld und du wirst sehen, welche von deinen bisherigen Überzeugungen und welche deiner Handlungsweisen Bestand haben. Denn kein Einfluss ist größer als der des Umfeldes Denn kein Einfluss ist größer als der des Umfeldes.

Der Mensch geht immer den Weg des geringsten Widerstandes – wenn ihm der Sinn fehlt.

Mit wachsendem Erfolg, Einfluss, Macht und Wohlstand verschiebt sich das Referenzsystem des Menschen und schnell verliert sich die Erinnerung an andere Zeiten. Nicht selten ist Undankbarkeit die Folge.

Wertesysteme und aus ihnen abgeleitete Normen verschieben sich. Sowohl beim Einzelnen als auch in der Wertegemeinschaft. Dies geschieht so gut wie nie intrinsisch, sondern wird durch externe Ereignisse ausgelöst, welche außerhalb des wahrgenommenen Einflussbereiches der Wertegemeinschaft liegen. Insofern sind all unsere Überzeugungen, Ideale, Glaubenssätze und Bedürfnisse zuallererst ein Produkt des Einflusses der äußeren Welt und erst im Zweiten ein Resultat des inneren Antriebes.

Der Vergleich wird dich niemals so glücklich machen, wie er dich enttäuschen kann. Denn falsch angewendet, lässt er Glänzendes fahl, Großes klein und Gutes schlecht erscheinen.

Die Persönlichkeit eines Menschen hat so viele Ausprägungen wie er „Beobachter" hat. Seine eigene Wahrnehmung miteingeschlossen. Auch wenn sie sich teilweise nur in Nuancen voneinander unterscheiden, so ergeben sich dennoch abweichende Persönlichkeitsbilder ein und desselben Menschen. In diesem Sinne fächert er sich in ein Spektrum unterschiedlicher Persönlichkeiten auf und wir können ihn nie präzise beschreiben.

Du fragst, wie du Unabhängigkeit bewahren kannst: Verharre nicht in deinen Kreisen, bewege dich in disjunkten Netzwerken.

Nur wer aus seinen gewohnten Bahnen mit Plan, Mut und Ausdauer ausbricht, dem eröffnen sich neue Horizonte, Erkenntnisse und Erfahrungen in einer neuen, bis dahin unbekannten Dimension. Derjenige, der auf vertrauten Pfaden bleibt, mag in die Tiefe gehen, sich dort spezialisieren und perfektionieren, er wird sich aber nicht weiterentwickeln.

Die plötzliche Heureka-Erkenntnis – am besten unter der Dusche – gibt es nicht. Diejenigen, die dies (zu) erleben (glauben), haben ihren eigenen Denkprozess verpasst.

Nichts ist stärker als die Prägung durch das Umfeld.

Sehen wir eine Chance, agieren wir proaktiv, planerisch und kreativ. Sehen wir ein Risiko, reagieren wir erst, wenn es bereits an der Tür klopft. Der Klimawandel ist hierfür vielleicht das beste Beispiel der Menschheitsgeschichte.

Seit zweihunderttausend Jahren hat sich unser Gehirn organisch weitestgehend nicht mehr verändert und ist darauf konditioniert, zu jagen, zu sammeln, zu vermehren, zu sichern, akute Bedrohung zu vermeiden oder ihr zu entkommen. Potenzielle, heute noch nicht spürbare Risiken zu vermeiden, gehört nicht zu seinem Programm. Daher ist es wichtig, uns dieser kognitiven Schwäche bewusst zu sein, um Fehlverhalten zu verhindern oder zumindest entgegenzusteuern.

Über das Gedächtnis (Frei nach Wittgenstein):

Der Mensch ist alles, was Gedächtnis ist.

Der Mensch ist die Gesamtheit seiner Erinnerungen, nicht des Erlebten.

Der Mensch ist durch seine Erinnerung bestimmt und dadurch, dass es alles Erinnerungen sind.

Denn die Gesamtheit der Erinnerungen bestimmt, was Gedächtnis ist, und auch, was alles nicht Gedächtnis ist.

2.4 Über Management und Systemik

Anders als in anderen wissenschaftlichen Disziplinen gibt es in der Managementlehre keine allgemeingültigen Grundlagen, keine aufeinander aufbauenden Theorien und Konzepte, keine Tradition. Ein jeder schreibt etwas vermeintlich Neues, ohne auf Bestehendes zu referenzieren. Das zeigt sich beispielsweise an den Theorien zum strategischen Management bzw. zur Unternehmensstrategie, die in großer Zahl mehr oder weniger disjunkt nebeneinanderstehen. Dadurch gibt es keinen Fortschritt per se, sondern lediglich Neuerungen, deren Startpunkt ein Reflex, eine Reaktion auf Veränderungen im Unternehmensumfeld ist. Denn das ist das Wesen des Managements in Lehre und Praxis: Es reagiert auf Änderungen und sucht Lösungen in einer sich ständig wandelnden Welt.

Die Grundlage für eine wissenschaftsbasierte, fundierte und holistische Managementlehre erhalten wir dann, wenn wir Komplexitätsforschung, Systemtheorie, Kybernetik, Modellwissenschaften, Neurowissenschaften und Schwarmtheorie vereinen.

Die Managementlehre und alle aus ihr abgeleiteten Disziplinen sind nichts weiter als eine Aneinanderreihung gesunden Menschenverstands.

Der tatsächliche Erfolg oder Misserfolg einer Unternehmensstrategie hängt in hohem Maße von externen Faktoren ab, so dass eine Deduktion von Strategiearbeit auf Unternehmenserfolg nicht möglich ist – auch wenn gerne anderes behauptet wird.

In der Unternehmensführung gibt es nicht das eine Ziel und nicht die eine Lösung, die zu ihm führt. Denn im Vergleich zu beispielsweise den Ingenieurwissenschaften und mehr noch den Naturwissenschaften sind Managementlehre und -praxis nicht deterministisch, sondern offen für vielgestaltige Lösungsvarianten. Es ergeben sich zum Erreichen eines Zieles bzw. Lösen eines Problems im Vergleich zu anderen Disziplinen deutlich mehr Optionen. Allerdings liegt es in der Natur von Unternehmen, bestimmt durch ihre Zweckgerichtetheit und ihr Zielsystem, dass die Gestaltung von Strukturen und Prozessen nicht in die Beliebigkeit abdriftet.

Gute Unternehmen und Führungskräfte beobachten, respektieren, begreifen und ergreifen den Zeitgeist, der die Menschen bewegt, ihre Sorgen und Nöte, ihre Träume und Ambitionen.

Das Verhalten im Unternehmensalltag, besonders in der Unternehmensführung, nimmt nicht selten religiöse Züge an. Der Glaube an die Sache dominiert sachrationales Verhalten und es zeigen sich oft die für Religionen typischen Kennzeichen (Rituale, Gebote, Symbole, Gut und Böse, Gemeinschaftsfeste, Glaubensbekenntnisse etc.). Einzig die Kommunikation mit transzendenten Wesen konnte bis heute noch nicht beobachtet werden, es ist aber durchaus nicht auszuschließen, dass sie dem einen oder anderen Manager schon geglückt ist.

Ab einer gewissen Größenordnung verbringen Unternehmen den Großteil ihrer Zeit damit, ihre eigene Organisation und Strukturen zu verändern. Das ist ein dominantes Muster über alle Branchen hinweg. Es ist eine Reaktion auf eine sich permanent verändernde Umwelt, aber auch ein Zeichen fehlender Systemik.

Die Managementlehre und (in Teilen) die Betriebswirtschaftslehre folgen Modewellen. Das ist eine Konsequenz aus ihrer fehlenden wissenschaftlichen Fundierung in Kombination mit der Erfordernis, auf veränderte Umweltanforderungen zu reagieren.

Wenn ein Ziel nur langsam und mühsam zu erreichen ist oder ganz außer Reichweite gerät, stößt die verbreitete Heuristik „Viel hilft viel" an ihre Grenzen. Die Managementpraxis hat mehrheitlich erkannt, dass in diesem Falle nicht mehr vom Gleichen, sondern ein alternativer Weg oder ein anderes Denken zum Ziel führt. So weit, so trivial. Dabei gilt es aber zwei nicht triviale Faktoren zu berücksichtigen: erstens, den richtigen Zeitpunkt zu erkennen, und zweitens, den neuen Weg tatsächlich zu beschreiten. Während der Zeitpunkt durch Näherungsverfahren wie beispielsweise die Grenzkostenbetrachtung bestimmt werden kann, ist die Identifizierung und das Beschreiten des neuen Pfades immer eine individuelle, fallspezifische Entscheidung.

Erkenntnisse aus neueren Forschungsgebieten wie der Schwarmintelligenz finden in den Mainstream der Managementpraxis bisher kaum Eingang, obwohl diese in der Literatur gut beschrieben sind, sie Werkzeuge, Methoden sowie Sichtweisen anbieten, die ohne großen Aufwand implementiert werden können. Es ist nun an Lehre und Praxis, dieses Potenzial zu heben.

Die Managementpraxis benötigt multimethodische, multikonzeptionelle Lösungen. Am Berater- oder Professoren-Reißbrett entworfene Ansätze, die auf singuläre Methoden, Konzepte oder Theorien rekurrieren, funktionieren nur selten im unternehmerischen Kontext. Zu vielschichtig und individuell sind dort die Herausforderungen. Der Schlüssel zum Erfolg liegt in der Kombination unterschiedlicher Methoden, in der Verknüpfung komplementärer Konzepte und im interdisziplinären Vorgehen.

Kochrezept für richtiges und gutes Management: Systemische Herangehensweise als Sud ansetzen und lange köcheln lassen, mit Agilität würzen, einen inklusiven Führungsstil beifügen und mit Kontinuität abschmecken. Wohl bekomm's!

Soziale Systeme wie Unternehmen sind ungleich schwieriger zu analysieren, modellieren, simulieren und am Ende zu verstehen als natürliche Systeme. Die Komplexität Ersterer ist um ein Vielfaches höher, die Anzahl relevanter Einflussfaktoren schwieriger zu bestimmen und unmöglich exakt zu quantifizieren. Und dennoch müssen wir uns jeden Tag, jeden Augenblick in ihnen zurechtfinden.

Mit einer begrenzten Anzahl an Ursache-Wirkungs-Beziehungen kann ein Großteil aller Situationen, Probleme und Phänomene in Wirtschaft und Unternehmen beschrieben werden. Zum Verständnis eines Problems und dessen Lösung muss daher das Rad nicht immer wieder neu erfunden werden. Im Gegenteil: Wir können in vielen Fällen auf bestehendes Wissen über Wirkzusammenhänge aus anderen Bereichen und deren Dynamik zurückgreifen und auf diesem aufbauen.

Ein zentrales Gestaltungselement von sozialen Systemen muss ihre Fehlertoleranz sein und die Fähigkeit, unerwartete Abweichungen auszugleichen.

Struktur bestimmt das Verhalten. Und das Verhalten bestimmt die Struktur.

Die Systemtheorie ist in der Praxis gescheitert. Nicht, weil sie keine Lösungen liefert, sondern weil sie keine Beachtung findet – trotz zahlreicher Implementierungsansätze und Anläufe, in der Öffentlichkeit Fuß zu fassen. Nicht einmal das sogenannte systemische Denken hat Eingang in Wirtschaft und Gesellschaft gefunden. Woran man dies erkennt? Am fehlenden ganzheitlichen Handeln. Woran man dies erkennt? An dem weitverbreiteten Unvermögen, für spezifische Situation die wesentlichen Ursache-Wirkungsbeziehungen und deren Dynamik zu erfassen. Womit man das heilt? Ausbildung, Schulung und Wertevermittlung und zwar bereits in frühen Schuljahren.

Es gibt nicht die eine Lösung, es gibt nicht die eine Sichtweise, es gibt nicht das eine richtig. Es gibt immer mehr.

In Deutschland ist der Glaube an das Spezialistentum stärker verankert als in anderen Ländern. Dies gereicht zu einem nicht zu unterschätzenden (Standort-)Nachteil, der durch den Fachkräftemangel noch verschärft wird. Auch heute noch herrscht die tradierte Überzeugung vor, dass derjenige die beste Eignung für eine Tätigkeit mitbringt, der diese schon in gleicher oder sehr ähnlicher Form ausgeführt hat, idealerweise über viele Jahre hinweg. Die Ursachen für diese Sichtweise mögen vielfältig und die Beweggründe nachvollziehbar sein. Fest steht jedoch, dass diese Einstellung zu Lasten von Flexibilität, Kreativität und auch Innovationskraft geht. Wie viel mehr aber bewirkt der Spezialist als der Generalist? Während sich Letzterer intuitiv, erfahrungs- oder logikbasiert einer Lösung nähert, kann nur Ersterer wissen und ermessen, welche Besonderheiten und Herausforderungen in der Umsetzung liegen. Der Generalist ist letztlich immer auf den Spezialisten angewiesen. Auf sich alleine gestellt, wird er zu keinem finalen Ergebnis kommen. Wobei es mitunter erstaunlich ist, wie nahe der Generalist mit gesundem Menschenverstand an die Lösung des Experten heranreicht. Umgekehrt zeigt sich häufig, dass der Spezialist das Terrain des Generalisten – also Abhängigkeiten aus Umfeld, Strategie, Strukturen, Prozessen und deren inhärenter Dynamik – selbst ausreichend überblickt, ohne auf jenen zu rekurrieren.

Leistung erfordert Motivation. Höchstleistung erfordert Sinn. Exzellenz erfordert Anreiz.

Niemand arbeitet ausschließlich um einer Sache willen, zur Erfüllung eines Auftrages oder zur Erreichung vorgegebener Ziele. Er arbeitet immer zu einem wesentlichen Teil für das eigene Ansehen. Denn Reputation, Leumund und Stellung in der Gruppe gehören zu den stärksten Motivatoren menschlichen Handelns.

Die Menschen in deinem Umfeld kommen und gehen. Einmal gegangen, erinnert sich niemand mehr an dein Wirken, sieht niemand mehr dein bisheriges Handeln und Schaffen im richtigen Lichte. Es ist, als hätte sich ein Schatten darübergelegt. Darum muss die oberste Prämisse all deines Tuns und Schaffens sein, dass du zuallererst deine Werte und die dir eigenen Ansprüche erreichst und darin Zufriedenheit und Erfüllung findest. Nur so gelingt es dir, dich von Veränderungen in deiner Umwelt freizumachen.

Sprache beeinflusst das Denken und umgekehrt. Mit einer individuellen „Corporate Language", inhaltlich geschickt aufgeladener und konsequent eingesetzter Leitmotive und Begrifflichkeiten kann eine Organisation ihre Identität und die Identifizierung der Mitarbeiter mit ihr ohne großen Aufwand stärken.

Heute von Tugenden zu sprechen, ist völlig aus der Zeit gefallen. Manager und Politiker bieten hierfür Anschauungsmaterial auf Tagesbasis und der Umstand, dass Betrüger hohe Ämter bekleiden, tut ein Übriges. Der Begriff der Tugend ist der Gesellschaft aus dem Sinn gekommen, ebenso seine Bedeutung. Nicht einmal ein Synonym ist in Verwendung, weder im Beruflichen noch im Privaten, auch wenn uns das Internet verrät, dass „Freundlichkeit" (sic!) synonym zu Tugend zu gebrauchen sei („Deutsche Synonyme: Tugend. https://www.deutschesynonyme.com/synonym/tugend; 01.11.2022).

Zu den ersten Tugenden eines Managers zählt Demut. Verstehen und akzeptieren, dass er nicht an erster Stelle steht, wenn die Meriten für den Unternehmenserfolg verteilt werden, aber durchaus an vorderster Front, wenn es darum geht, Verantwortung zu übernehmen. Das gilt im Übrigen in gleichem Maße für Politiker.

Entwicklungen in sozialen Systemen, Unternehmen oder der Volkswirtschaft sind nicht einzigartig, individuell oder singulär. Sie lassen sich alle auf ein begrenztes Set an Grundmustern zurückführen. Mit deren Hilfe sind Entwicklungen nicht nur erklärbar, sondern auch trendbasiert prognostizierbar.

Die Informationstheorie basiert auf der Kybernetik, die ihrerseits auf der Regelkreistheorie basiert, die auf Regelungstechnik basiert, die Differenzialgleichungen voraussetzt und auf dem Unterschied zwischen Steuern und Regulieren fußt. Alles baut aufeinander auf. Keine Neuerung, keine Invention kommt aus dem Nichts. Die Errungenschaft des Fortschritts liegt darin, das weiterzuentwickeln, was er vorfindet. Insofern ist es nicht verwunderlich, dass es in der Managementlehre keinen Fortschritt, sondern im besten Fall neue Ideen gibt.

Beschäftigen wir uns mit einer Situation, einem Phänomen oder einer Problemstellung, so erstellen wir ein Abbild der Realität, das diese nicht eins zu eins repräsentiert. Je nach Zweck, führt dieses Abbild zu unterschiedlichen Ergebnissen: Die Simulation hilft, ein Problem zu analysieren, das Modell, es zu verstehen, die Analogie, sich ihm anzunähern, und die Metapher, es zu kommunizieren.

Das klassische Projektmanagement mit seinen Tabellen, Netzplänen, Vorlagen und Leitfäden ist ein schönes Beispiel für die mechanistische Herangehensweise an Komplexität im Unternehmensalltag. Das Gleiche gilt im Übrigen auch für das agile Projektmanagement, nur dass hier das Mechanistische in Ausprägung des Iterativen daherkommt. Daran ist nichts grundsätzlich Verkehrtes und nichts Überraschendes, denn es entspricht den Denkmustern unserer Zeit. Es ist vergleichbar den Förmchen, mit denen aus Backteig Kekse ausgestochen werden.

Strategisches Management und Unternehmensführung benötigen multidisziplinäre Methoden und Ansätze. Während die Management Science nach dem angloamerikanischen Beispiel als Sozialwissenschaft des Managements Soziologie, Psychologie und andere benachbarte Disziplinen inkludiert und damit interdisziplinäres Denken fördert, ist im deutschen Lehrbetrieb hiervon noch nicht viel zu sehen.

Führungskräfte sind für ihre Mitarbeiter verantwortlich – in vielfacher Hinsicht. Deshalb ist es umso erstaunlicher, dass solide Kenntnisse in den Grundlagen der Psychologie, zumindest im deutschsprachigen Raum, nicht zum Standardrepertoire der Managementausbildung zählen.

Regeln und Disziplin in Organisationen jedweder Art sind grundlegende und notwendige Voraussetzung für zufallsunabhängigen Erfolg. Nicht umsonst sind sie Bestandteil von Konzepten der Agilität oder Holokratie.

Zeugt es von guter Qualität, wenn viele dir applaudieren? Das Gefällige erhält die Sympathie der Masse, nicht unbedingt das Richtige und Gute.

Du kennst dein Publikum: eine gute Geschichte und schöne Bilder haben es schon immer mehr überzeugt als nüchterne, wahrheitsgetreue Fakten.

Der gute Zuhörer jedoch braucht kein Lametta. Er ist am Gegenüber oder am Sujet objektiv interessiert und bewertet nicht nach Form oder eigenem Nutzen. Er stellt sich in den Dienst des Erzählenden, verknüpft das Gehörte mit seinen Erfahrungen, stellt diese aber nicht über jene und reflektiert nicht seine eigene Situation, sondern die des Gegenübers. Solche Zuhörer sind ein seltenes Geschenk.

Die Masse sollst du beobachten, verstehen, einschätzen – und dir als Kaufmann möglichst zu Nutze machen. Jedoch noch mehr als all dies musst du sie meiden.

3. Reflexionen: eine Synopse

Im Alltag begegnet uns das Wort „Reflexion" häufiger als Verb (reflektieren) denn als Substantiv überwiegend in zwei Zusammenhängen: 1. Licht widerspiegelt sich an einer Oberfläche. 2. Wir beschäftigen uns geistig mit einem Sachverhalt oder Gegenstand. Der Begriff hat Eingang in verschiedene wissenschaftliche Disziplinen gefunden und in jeder eine andere Bedeutung. Abgesehen von der Physik, die die Reflexion als Phänomen elektromagnetischer Wellen oder Schallwellen beschreibt, lässt sich der kleinste gemeinsame Nenner der verschiedenen Reflexionstheorien und -konzepte folgendermaßen zusammenfassen: Reflexion bezeichnet das intensive Nachdenken und die prüfende Betrachtung.

In den folgenden Abschnitten sind die wesentlichen Inhalte zusammengefasst, die dem Reflexionsbegriff in den verschiedenen Disziplinen zu Grunde liegen. Diese synoptische Übersicht hat nicht den Anspruch, alle Theorien und Konzepte umfassend darzustellen, vielmehr geht es darum, einen Eindruck zu vermitteln, in welchen Bereichen und in welcher Form das Thema Reflexion Gegenstand der wissenschaftlichen Betrachtung war bzw. ist. Sie bildet damit den Bezugsrahmen für den Reflexionsbegriff der vorliegenden Sammlung.

Physik

Etymologisch betrachtet leitet sich „Reflexion" aus dem lateinischen „reflexio" ab, das mit „Zurückbeugung" übersetzt werden kann, dieses Wort wurde Anfang des 17. Jahrhunderts zuerst in der Physik verwendet. Hier wird Reflexion verstanden als das Zurückwerfen einer Welle (elektromagnetische oder Schallwelle), wenn diese auf einen Stoff bzw. eine Oberfläche trifft, und zwar zurück in das Medium, aus dem die Welle gerade kommt. Wissenschaftlicher ausgedrückt: „Die unstetige Änderung der Ausbreitungsrichtung einer elektromagnetischen Welle oder Schallwelle beim Auftreffen auf eine Grenzfläche zwischen zwei verschiedenen Ausbreitungsmedien in der Art, dass die Welle in das ursprüngliche Medium zurückläuft."[1] Die Art der Reflexion kann gerichtet oder diffus sein und hängt von der Rauigkeit der Oberfläche im Verhältnis zur Wellenlänge der einfallenden Strahlung ab. Ist die Rauigkeit gröber als die Wellenlänge des Strahls, kommt es zu einer Streuung, ist sie dagegen viel feiner als die Länge der (Licht-)Welle, so erfolgt eine gerichtete Reflexion, für die das Reflexionsgesetz gilt.

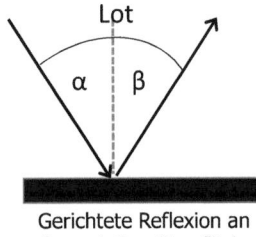

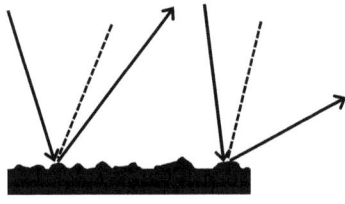

Gerichtete Reflexion an einer glatten Oberfläche

Diffuse Reflexion an einer rauen Oberfläche

Ein Objekt wird erst durch die Reflexion von Licht sichtbar. Wenn es kein Licht reflektiert, bleibt es schwarz und wenn alle Lichtstrahlen zurückgeworfen werden, ist das Objekt weiß. Gemäß dem Reflexionsgesetz gilt: Wenn Licht von einer Fläche zurückgeworfen wird, entspricht der Einfallswinkel dem Reflexionswinkel ($\alpha = \beta$, wie in der obigen Abbildung gezeigt). Der Reflexionsgrad misst, wie groß der Anteil der (Licht-)Welle ist, der in das Ursprungsmedium zurückgeworfen wird.

Reflexionsgrad = Reflektierte Strahlungsintensität/Auftreffende Strahlungsintensität

Die Definition des Reflexionsbegriffes aus der Physik ist hier mehr der Vollständigkeit halber aufgeführt. Außer auf metaphorischer Ebene – die Philosophie hat sich des Begriffes aus der Physik bedient – gibt es kaum Gemeinsamkeiten mit dem Begriffsverständnis der nun folgenden Disziplinen.

---

[1] Spektrum.de (2018): Lexikon der Physik: Reflexion. https://www.spektrum.de/lexikon/physik/reflexion/12221, 01.11.2022.

Psychologie

Die Psychologie legt ihr Augenmerk vornehmlich auf den Begriff der Selbstreflexion. Darunter wird das Sich-Zurückwenden des Denkens und des Bewusstseins auf sich selbst verstanden.[2] In der Kognitionspsychologie ist Reflexion die Fähigkeit, sich selbst, sein Verhalten, seine Wertesysteme und Glaubenssätze in der Umwelt zu beobachten und zu hinterfragen. Es ist die notwendige Voraussetzung, um aus Ereignissen und Erlebnissen zu lernen und ein differenzierteres Bild von sich selbst, anderen und der Umwelt zu erhalten. Mit dem Fokus auf das Motiv der Reflexion reiht sich die Psychologie damit in die Tradition der antiken Philosophie ein, wo bereits Aristoteles vom Denken des Denkens spricht, wie wir weiter unten sehen werden.

Mittlerweile gibt es in der Psychologie zu der Thematik der Reflexion unter den Stichworten Metakognition, Selbstbild-Fremdbild-Kongruenz, reflexives Subjektmodell, positives und negatives Feedback, Feedbackcenter, Action Learning, Orientation Center, Deutero-Lernen, Attribution, Peer-Rating, Eigenreflexion, Selbstreflexion, Self-Enhancement, Forschungsprogramm Subjektive Theorien (FST) etc.[3] eine beeindruckende und steigende Anzahl an Programmen und Publikationen. Sie sind das Ergebnis und die Reaktion auf die zunehmende Relevanz des Themas in unserer Zeit. Denn durch den schnellen Fortschritt in nahezu allen Lebensbereichen und die hohe Umweltdynamik stehen der Einzelne, aber auch Gruppen und Organisationen heutzutage mehr denn je vor der Herausforderung, ihre Situation permanent zu prüfen und Veränderungsbereitschaft sowie Veränderungskompetenzen aufzubauen und einzusetzen. Zweck der Selbstreflexion ist es, Wissen, Positionen, Werte, Urteile und Handlungen zu analysieren, zu verstehen und auf

---

[2] Dorsch – Lexikon der Psychologie (2003): Reflexion, kognitionspsychologisch. https://dorsch.hogrefe.com/stichwort/reflexion-kognitionspsychologisch; 01.11.2022.
[3] Siehe u. a. Zimbardo, Philip G. (1995): Psychologie, 6. Aufl., Berlin; Matz, Klaus-Dieter (2015): Die Kunst der Reflexion der Reflexion. https://www.kompetenznetz-mittelstand.de/de/app/blog/2015/12/die-kunst-der-reflexion-der-reflexion_ihsvsotl.html; 01.11.2022.

dieser Basis Verhaltensweisen anzupassen. Das ist kein Selbstläufer und nichts, das von alleine kommt. Vielmehr ist es eine Einstellung, ein permanenter Lernprozess mit dem Ziel, die Selbstreflexion zu einem Bestandteil des Alltags zu machen.

Besonders zum Thema der Selbstreflexion findet man eine Fülle unterschiedlichster Ratgeber. Daneben gibt es aber auch Fachbücher mit dedizierten Methoden und Werkzeugen zu deren Anwendung. Als Beispiel sei hier das ALACT-Modell genannt.[4] Dieses Modell beschreibt ein iteratives Vorgehen zur Durchführung der (Selbst-)Reflexion, das aus fünf Schritten besteht, deren Anfangsbuchstaben den Namen des Modells bilden. Phase 1: Handlung (Action), Phase 2: Blick zurück auf die Handlung (Looking back), Phase 3: Bewusstwerden der wichtigen Punkte (Awareness), Phase 4: alternative Handlungsformen entwickeln (Creating Alternatives), Phase 5: Versuch (Trial), das heißt ausprobieren alternativer Handlungsweisen. Die untenstehende Abbildung zeigt das Modell. Phase 1 und 5 fallen zusammen, da das Vorgehen iterativ ist. Das Modell stellt ähnlich dem in der Betriebswirtschaftslehre bekannten Plan-Do-Check-Act-Ansatz einen Kreislauf aus Handeln, Lernen und Umsetzen dar. Für jede Phase sind Fragestellungen formuliert, die durch Reflexion beantwortet werden sollen, beispielsweise in Phase 2 (Looking back) die Fragen: „Was waren die Ergebnisse?", „Was habe ich getan/gedacht/gefühlt?"

---

[4] Korthagen, Fred A. J. (1999): Linking Reflection and Technical Competence: the logbook as an instrument in teacher education. In: European Journal of Teacher Education, Vol. 22, No. 2/3, S. 191–207.

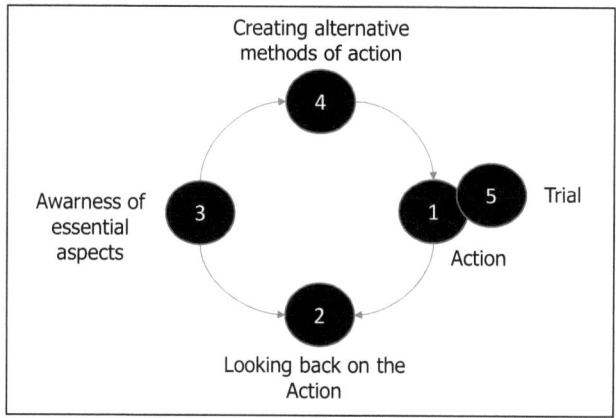

Neben der Kognitionspsychologie liefert die Neurowissenschaft relevante Erkenntnisse über die Vorgänge, die in unserem Gehirn bei (Selbst-)Reflexionsprozessen ablaufen. Insbesondere die Subjektivität von Wahrnehmung und die Veränderlichkeit von Erinnerung haben einen großen Einfluss auf das Ergebnis unserer Reflexionen.[5]

Soziale Arbeit

Sozialarbeiter und Sozialpädagogen stehen täglich vor der Herausforderung, Entscheidungen zu fällen, die Einfluss auf die Lebenswelt ihrer Klienten haben können. Um diese Entscheidungen im Vorfeld einer sozialpädagogischen Intervention vorzubereiten bzw. in deren Nachgang aufzuarbeiten, kommt Methoden und Instrumenten der sozialen Diagnose eine große Bedeutung zu. Die Reflexion zählt in diesem Rahmen zu den Schlüsselkategorien der Sozialen Arbeit, auf deren Basis professionelles Handeln und die Einhaltung von Qualitätskriterien sichergestellt werden sollen.[6]

---

[5] Korte, Martin (2017): Wir sind Gedächtnis, 3. Aufl., München.
[6] Ebert, Jürgen (2012): Reflexion als Schlüsselkategorie professionellen Handelns in der Sozialen Arbeit, Hildesheim.

In der Tat ist die Soziale Arbeit einer der wenigen Berufe, der Reflexionsmethoden explizit, regelmäßig und systematisch in der Praxis zur Anwendung bringt. Hierbei werden unterschiedliche Instrumente wie z.B. Supervision, Intervision, Kollegiale Fachberatung, Selbstevaluation oder Methodentrainings eingesetzt. [7] Diese Instrumente ermöglichen die Betrachtung von zwei Dimensionen: erstens, die umfassende Reflexion der konkreten Problemstellung eines vorliegenden Falles und zweitens, die Selbstreflexion der Fähigkeiten und Grenzen der eigenen Person. [8] Letzteres beinhaltet auch die eigene Biografie mit bestehenden Wertvorstellungen und erlernten Verhaltensmustern. Die Biografie der einzelnen Beteiligten ist ebenfalls ein Faktor, der soziale Beziehungen im beruflichen Handeln prägt und dort entsprechend zu berücksichtigen ist.

In der Literatur wird daher für eine „reflexive Professionalität" plädiert, die zunächst in der Ausbildung erworben und anschließend im Berufsalltag ausgebaut wird. [9] Auf ihrer Basis sollen Fehler im Handeln erkannt und Verbesserungsmöglichkeiten für künftige Interventionen identifiziert werden. Eine besondere Bedeutung kommt dabei dem Erkennen „blinder Flecken" (verborgen gebliebene Tatsachen) zu und zwar bezogen auf bisher unbekannte Faktoren eines spezifischen Falles sowie auf verborgene Einstellungen und Denk- bzw. Verhaltensmuster der Fachkraft selbst, die ihre Fallarbeit potenziell beeinflussen. Durch Perspektivenwechsel oder Einbindung Dritter können diese blinden Flecken aufgespürt werden.

---

[7] Nörenberg, Matthias (2006): Professionelles Nicht-Wissen. Sokratische Einredungen zur Reflexionskompetenz in der Sozialen Arbeit, Heidelberg.

[8] Schulz, Andreas (2010): Selbstreflexion und soziale Kompetenz. Psychodramatische Ansätze zu ihrer Förderung in der Supervision. In: Organisationsberatung Supervision Coaching, 17, S. 361–371.

[9] Heiner, Maja (2004): Professionalität in der Sozialen Arbeit, Stuttgart.

Pädagogik

Die professionelle Reflexion im Lehrerberuf spielt in der Schul- und Erwachsenenbildung eine wichtige Rolle und wird dort unter anderem unter dem Konzept der Reflexionskompetenz thematisiert.[10] Diesem liegt ein ganzheitlicher Ansatz pädagogischen Arbeitens zu Grunde, der den Blick über die einzelne Situation und Handlung hinaus richtet. Vielmehr geht es bei dem Konzept darum, dass Lehrpersonen zielgerichtete und kontinuierliche Anstrengungen unternehmen, den eigenen Unterricht und dessen Wirkung zu verbessern.[11] Ziel ist es, dass die Lehrkraft die Fähigkeit entwickelt, ihr pädagogisches Wissen zu beurteilen und dass sie dieses flexibel auf sich verändernde Situationen bezieht.

Die zunehmende Bedeutung der Reflexionskompetenz im Lehrerberuf kommt auch darin zum Ausdruck, dass diese mittlerweile Eingang in die Berufsausbildung gefunden hat und dort Bestandteil des Examens ist.[12] In der abschließenden zweiten Staatsprüfung wird neben der berufspraktischen Handlungsfähigkeit auch die Reflexionskompetenz überprüft.

In dem Gesamtkontext unserer Betrachtung von Reflexionsbegriffen und -theorien können die Ansätze der Pädagogik überwiegend im Bereich der Selbstreflexion verortet werden: Es geht um die Bewertung der Wirksamkeit der eigenen pädagogischen Handlungen und Fähigkeiten. Die Selbstreflexion der Lehrkraft kann mit einer Reihe von Werkzeugen unterstützt werden, wie zum Beispiel mit Unterrichtsprotokollen, Videoaufzeichnungen oder dem Portfolio-Ansatz. Letzterer beinhaltet eine Sammlung von Eindrücken, Herausforderungen, Fragen und Erfolgen aus der pädagogischen Arbeit der Lehrkraft.

---

[10] Berndt, Constanze; Häcker, Thomas; Leonhard, Tobias (2017): Reflexive Lehrerbildung revisited: Traditionen, Zugänge, Perspektiven. Bad Heilbrunn.
[11] Helmke, Andreas (2012): Unterrichtsqualität und Lehrerprofessionalität. Diagnose, Evaluation und Verbesserung des Unterrichts, Seelze-Velber.
[12] Landesinstitut für Lehrerbildung und Schulentwicklung Hamburg (2020): Reflexion und Reflexionskompetenz in der Lehrkräftebildung, Hamburg.

Reflexionskompetenz in der Schul- und Erwachsenenbildung bezieht sich aber nicht nur auf das Lehrpersonal. Die Pädagogik bewegt sich vermehrt dahin, die Reflexionsprozesse von Schülern ebenfalls in den Blick zu nehmen[13]. Als Reflektionsinstrumentarium dienen im Wesentlichen schriftliche und mündliche Feedbackverfahren, in der Gruppe oder im Einzelgespräch.[14] Die Reflexionsphasen im Unterricht bieten Schülern eine erste Möglichkeit, Stärken und Schwächen zunehmend eigenständig zu erkennen und zu überlegen, wie sie daran arbeiten können. Die Selbsteinschätzung von Schülern enthält für die Lehrkraft zusätzlich wertvolle Informationen zur Ergänzung der eigenen Sichtweise, die zu einer besseren Beurteilung der Lernsituation und individuellen Förderung beiträgt.

Philosophie

Das philosophische Verständnis von Reflexion lässt sich etwa wie folgt zusammenfassen: Reflexion ist das Nachdenken über die Bedingungen und Grenzen des Denkens. Aber Philosophie wäre nicht Philosophie, wenn sich die Begriffsbestimmung tatsächlich so einfach und unkompliziert auf einen Satz reduzieren ließe. Ideengeschichtlich handelt es sich bei der Reflexion um einen zentralen Begriff, welcher die Philosophie bis heute beschäftigt, ja determiniert. So schreibt ihr beispielsweise Husserl, der zwischen natürlicher und phänomenologischer Reflexion unterscheidet, eine universelle Funktion für die wissenschaftliche Philosophie zu, da sie eine Methode zur Erkenntnis des Bewusstseins vom Bewusstsein ist, worum es in der wissenschaftlichen Philosophie im Kern geht.

In seiner Reflexionstheorie charakterisiert Herbert Schnädelbach die Reflexion als wichtigste Methode der Philosophie: „Sie verknüpft das so Explizierte [die Selbstthematisierung der Philosophie, also das Philosophieren über die Philosophie bzw. das Stellen von Methodenfragen] mit

---

[13] Köhler, Katja und Weiß, Lorenz (2017): Mit Kindern kompetenzorientiert sprechen, Weinheim.
[14] Eine schöne Übersicht findet sich in: ISB - Methoden des Schülerfeedbacks: https://www.isb.bayern.de/download/19457/methoden_des_schueler_feedbacks_.pdf; 01.11.2022.

der Aufgabe einer philosophischen Begründung der Philosophie, die ihrerseits Wissenschaft und Moral begründen soll. Reflexion wird damit zum Medium der Selbstbegründung der Philosophie, d. h. des Lösungsverfahrens eines Problems, das selbst reflexiv strukturiert ist. [Reflexion] ist darum der wichtigste Methodenbegriff der neueren Philosophie."[15]

Ideengeschichtlich durchdringen Theorien und Diskurse zur Reflexion die Philosophie von Platon über Hegel bis in die Neuzeit. Im Folgenden werden einige dieser Theorien und Ansätze aufgeführt. Die kurze Übersicht versucht einen Eindruck zu vermitteln, wie unterschiedlich das Verständnis von Reflexion in der Philosophie im Laufe der Zeit war und teilweise noch ist und welchen Stellenwert sie dort einnimmt.[16]

- Bereits bei den griechischen Philosophen wird das „Wissen um das Wissen" als innere Wahrnehmung thematisiert (Aristoteles) und vom „Denken des Denkens" gesprochen (Platon), ohne dass dies explizit als Reflexion bezeichnet wird. Jedoch ist das Grundmotiv bereits vorhanden.
- Im Mittelalter verwendet Thomas von Aquin den Begriff „reflexio". Reflexion ist für ihn nicht das Nachdenken über die Wirklichkeit im modernen Sinne, sondern die Betrachtung von Welt, Mensch und Geschichte gleichsam mit den „Augen Gottes".[17]
- Den Aspekt des Bewusstseins auf sich selbst, also die Selbstreflexion hebt erstmals Gottfried Wilhelm Leibniz hervor: „Die Reflexion ist nichts anderes als die Aufmerksamkeit auf das, was in uns ist" („La réflexion n'est autre chose qu'une attention à ce qui est en nous"[18]), und schafft damit eine zu seiner Zeit in weiten

---

[15] Schnädelbach, Herbert (1977): Reflexion und Diskurs, Frankfurt, S. 9.
[16] Siehe auch Wikipedia: Reflexion (Philosophie). https://de.wikipedia.org/wiki/Reflexion_(Philosophie)#cite_note-38; 01.11.2022.
[17] Aquin, Thomas von (2011): Summa theologica, Darmstadt.
[18] Leibniz, Gottfried Wilhelm (1959): Nouveaux essais sur l'entendement humain, Darmstadt.

Kreisen beachtete und allgemein anerkannte Definition des Begriffes.

- John Locke führt die Unterscheidung in Wahrnehmung unseres Inneren (Selbstreflexion) und Wahrnehmung äußerer Gegenstände ein. In diesem Zusammenhang spricht er auch von Selbstwahrnehmung („reflection") versus Sinneswahrnehmung („sensation"). Diese Unterscheidung prägt den philosophischen Diskurs der Folgezeit.[19]

- Johann Gottfried Herder hebt die Bedeutung der Sprache für die Reflexion hervor – Herder spricht von „Besonnenheit" –, denn nur durch diese könne der Verstand das Erlebte in Worte fassen und reflektieren („auf einem Bilde freiwillig verweilen").[20]

- Im Zuge der Auseinandersetzung mit den Reflexionsdefinitionen seiner Vorgänger fordert Kant eine präzisere Begriffsbestimmung und eine genauere Analyse, ob und wie Begriffe entweder zum Verstand oder zur sinnlichen Wahrnehmung zugeordnet und unterschieden werden können. Er kritisiert die Trennung zwischen den Wahrnehmungskonzepten bei Locke und die Fokussierung auf die Selbstreflexion bei Leibniz.[21]

- Gemäß Johann G. Fichte besteht der Gehalt des Ichs im Wesentlichen in der Reflexion. Den Geist, der sowohl die Welt als auch das eigene Ich erschafft, nennt Fichte „absolutes Ich", das er in „Nicht-Ich" (Welt) und Individualbewusstsein (Ich) unterteilt. Nur durch diese Spaltung des Geistes in die zwei „Ich" ist es dem Bewusstsein möglich, zur realen Anschauung zu gelangen.[22]

- Georg F. W. Hegel differenziert das „Wesen", dessen Bestimmung die Reflexion ist, von dem Sein als reine Unmittelbarkeit. Die Reflexion bestimmt die Identität des Wesens, „setzt" hierfür aber das Sein voraus. Daraus leitet Hegel den Begriff der

---

[19] Locke, John (1981): Versuch über den menschlichen Verstand, Hamburg.
[20] Herder, Johann G. (2007): Abhandlung über den Ursprung der Sprache, Berlin.
[21] Kant, Immanuel (1998): Kritik der reinen Vernunft, Berlin
[22] Fichte, Johann Gottlieb (1997): Grundlage der gesamten Wissenschaftslehre, Hamburg.

„setzenden" Reflexion ab, die das Sein selbst „setzt". Daneben definiert Hegel noch die äußere und die bestimmende Reflexion.[23]

- Jakob F. Fries beschreibt die Reflexion als Vernunfterkenntnis und als empirische Fähigkeit zur inneren Selbstbeobachtung. Der zweite Aspekt, die Reflexion als empirischen Gegenstand zu erforschen, rückt in den Folgejahren vermehrt in den Fokus und so hält die psychologische Komponente der Reflexion weiter Einzug in den wissenschaftlichen Diskurs.[24]

- Martin Heidegger unterscheidet Reflexion und Reflexion der Reflexion. Erstere beschreibt, was wir wahrnehmen („den Horizont", in dem wir „dergleichen wie Gesetztheit, Gegenständigkeit" erblicken), Letztere, wie wir das Wahrgenommene verstehen („das Verfahren, wodurch (...) das im Horizont der Gesetztheit erblickte Sein ausgelegt wird").[25]

So unterschiedlich die Sicht- und Herangehensweisen in den einzelnen philosophischen Theorien auch sind, allen geht es um die Wahrnehmung des Inneren und des Äußeren sowie die kognitive Verarbeitung dessen zu Erkenntnis. Am Ende ist es das Ziel der Reflexion, mehr über uns und die uns umgebende Welt zu erfahren, um diese im Popper'schen Sinne zu einem besseren Ort zu machen.

Für die Managementpraxis lassen sich in diesem Sinne Ziele der Reflexion ableiten, die ich wie folgt beschreiben würde: Gewinn an Erkenntnis und Selbsteinsicht; Hinterfragen und Verändern der eigenen Positionen, Einstellungen und Denkweisen; Stärkung des lösungsorientierten Denkens sowie Verbessern von Entscheidungs- und Handlungsprozessen.

---

[23] Hegel, Georg F. W. (2002): Wissenschaft der Logik, München.
[24] Fries, Jakob F. (2019): Neue oder anthropologische Kritik der Vernunft, Norderstedt.
[25] Heidegger, Martin (2022): Denkwege. Gesamtausgabe in vier Bänden, Darmstadt.

Literaturhinweise

Aquin,Thomas von: Summa theologica, Darmstadt 2011.

Berndt, Constanze; Häcker, Thomas; Leonhard, Tobias: Reflexive Lehrerbildung revisited, Bad Heilbrunn 2017.

Deller, Ulrich; Brake, Roland: Soziale Arbeit. Opladen 2014.

Dorsch – Lexikon der Psychologie (2022): Reflexion, kognitionspsychologisch. https://dorsch.hogrefe.com/stichwort/reflexion-kognitionspsychologisch# search=e876a8d193c750b71294 afdfdf25587d&offset=1.

Ebert, Jürgen: Reflexion als Schlüsselkategorie professionellen Handelns in der Sozialen Arbeit. Hildesheim 2012.

Fichte, Johann Gottlieb: Grundlage der gesamten Wissenschaftslehre, Hamburg 1997.

Fries, Jakob F.: Neue oder anthropologische Kritik der Vernunft, Norderstedt 2019.

Hegel, Georg F. W.: Wissenschaft der Logik, München 2002.

Heidegger, Martin: Denkwege. Darmstadt 2022.

Heiner, Maja: Professionalität in der Sozialen Arbeit, Stuttgart 2004.

Helmke, Andreas: Unterrichtsqualität und Lehrerprofessionalität, Seelze-Velber 2012.

Herder, Johann G: Abhandlung über den Ursprung der Sprache, Berlin 2007.

ISB, Staatsinstitut für Schulqualität und Bildungsforschung München: Methoden des Schülerfeedbacks. www.isb.bayern.de/download/19457/methoden_des_ schueler_feedbacks_.pdf; 01.11.2022.

Kant, Immanuel: Kritik der reinen Vernunft, Berlin 1998.

Köhler, Katja und Weiß, Lorenz: Mit Kindern kompetenzorientiert sprechen, Weinheim 2017.

Korte, Martin: Wir sind Gedächtnis, 3. Aufl., München 2017.

Korthagen, Fred A. J. (1999): Linking Reflection and Technical Competence: the logbook as an instrument in teacher education. In: European Journal of Teacher Education, Vol. 22, No. 2/3, S. 191–207.

Landesinstitut für Lehrerbildung und Schulentwicklung Hamburg: Reflexion und Reflexionskompetenz in der Lehrkräftebildung, Hamburg 2020.

Leibniz, Gottfried: Nouveaux essais sur l'entendement humain, Darmstadt 1959.

Locke, John: Versuch über den menschlichen Verstand, Hamburg 1981.

Matz, Klaus-Dieter (2015): Die Kunst der Reflexion der Reflexion. https://www.kompetenznetz-mittelstand.de/de/app/blog/2015/12/die-kunst-der-reflexion-der-reflexion_ihsvsotl.html.

Nörenberg, Matthias: Professionelles Nicht-Wissen. Sokratische Einredungen zur Reflexionskompetenz in der Sozialen Arbeit. Heidelberg 2006.

Schnädelbach, Herbert: Reflexion und Diskurs. Fragen einer Logik der Philosophie, Frankfurt 1977.

Schulz, Andreas: Selbstreflexion und soziale Kompetenz. Psychodramatische Ansätze zu ihrer Förderung in der Supervision. In: Organisationsberatung Supervision Coaching 17/2010, S. 361–371.

Spektrum.de (2018): Lexikon der Physik: Reflexion. https://www.spektrum.de/lexikon/physik/reflexion/12221.

Wikipedia (2022): Reflexion (Philosophie): https://de.wikipedia.org/wiki/Reflexion_(Philosophie)#cite_note-38

Zimbardo, Philip G: Psychologie, 6. Aufl., Berlin 1995.